Le roi

des pamplemousses

Illustrations
Christine Battuz

Directrice de la collection
Denise Gaouette

MAXI Rat de bibliothèque

Catalogage avant publication de Bibliothèque et Archives Canada

Frididli, Lili

  Le roi des pamplemousses (MAXI Rat de bibliothèque ; 1)
  Pour enfants de 7 à 9 ans.

  ISBN 2-7613-2020-4

  I. Battuz, Christine. II. Titre.
  III. Collection : MAXI Rat de bibliothèque (Saint-Laurent, Québec).

PS8603.E766R64 2006   jC843'.6   C2006-941173-5
PS9603.E766R64 2006

Éditrice : Johanne Tremblay
Réviseure linguistique : Nicole Côté
Directrice artistique : Hélène Cousineau
Conception graphique et édition électronique : Isabel Lafleur

 5757, RUE CYPIHOT, SAINT-LAURENT (QUÉBEC) H4S 1R3
ÉDITIONS DU RENOUVEAU PÉDAGOGIQUE INC.   TÉLÉPHONE : (514) 334-2690   TÉLÉCOPIEUR : (514) 334-4720
                                              erpidlm@erpi.com   w w w . e r p i . c o m

Dépôt légal — Bibliothèque et Archives nationales du Québec, 2006
Dépôt légal — Bibliothèque et Archives Canada, 2006

Imprimé au Canada   1234567890 HLN 09876
ISBN 2-7613-2020-4   10780 ABCD   C016

Les traits de caractère des personnages

Léon Moléon

gourmand   courageux   pacifique

Chupruscru

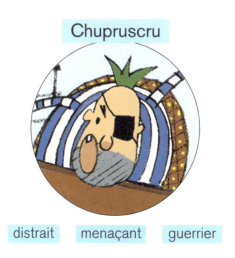

distrait   menaçant   guerrier

Chapitre 1

Pouf !
Quel prince folichon !

À Guapamousse, l'île aux pample-mousses, il y a un roi. C'est Léon Moléon, le roi des pamplemousses.

Léon Moléon cultive des pamplemousses. Mais pas n'importe quels
pamplemousses ! Des pamplemousses gigantesques. Des pamplemousses aussi gros que des hippopota-
mes.

Quand Léon Moléon était encore un tout petit prince, sa maman lui répétait sans arrêt : « Mon Léon Moléon folichon, ne mange pas tant de pamplemousses ! Un jour, tu vas finir par ressembler à un pamplemousse. »

Mais Léon Moléon n'a jamais écou-
té le conseil de sa maman. Chaque
jour, il s'est empiffré de milliers de
pamplemousses.

C'est pourquoi, une nuit, Léon Moléon a pris la forme d'un pamplemousse. *Pouf!* Son corps est main-
tenant tout rond et ses cheveux tout
verts. Son haleine sent bon les a-
grumes, mais ses pieds empestent le
pamplemousse pourri.

Chapitre 2
Schpok !
Un bruit dans le verger

Ce matin, le roi Léon Moléon déjeune sur son balcon. Il mâchouille amoureusement une montagne de pamplemousses. Tout à coup, un bruit le fait sursauter. *Schpok !*

Intrigué, le roi se lève d'un bond. Il regarde de tous les côtés.

De nouveau, le roi entend le bruit inaccoutumé. *Schpok!*
— Sans l'ombre d'un doute, cela provient du verger. Je devrais aller vérifier, dit le roi en frottant son menton tout rond.

Inquiet, le roi descend dans son verger. Il avance avec précaution. Il fait
un pas. Puis un autre pas. Soudain,
quelque chose lui tombe sur la tête.
Bong !

Le roi perd l'équilibre et tombe à la renverse, sur les fesses.

Chapitre 3
Fiou !
Un coup de chance

Revenu de sa surprise, le roi trouve à ses pieds un ananas écrabouillé. Il se relève péniblement.

— Nom d'un pamplemousse ! D'où vient cet ananas ? Hum ! C'est peut-être un cadeau du ciel. Pourtant, ce n'est pas encore Noël.

Le roi lève les yeux vers le ciel. Catastrophe ! Des dizaines d'ananas tombent droit sur lui.

Le roi se met à courir à toute vitesse. Il évite la pluie d'ananas de justesse.
— *Fiou !* Je l'ai échappé belle. Un coup de chance, souffle-t-il.

Brusquement, quelque chose dans le ciel cache la lumière du soleil. Une ombre colossale couvre tout le corps du roi. Il lève la tête. Il n'en croit pas ses yeux.

Chapitre 4

Vlan ! Vlan !
L'attaque de Chupruscru

Le roi voit un immense bateau pirate. Le bateau flotte dans les airs comme une montgolfière.

Pendant un instant, le roi est en état de choc. Il a peur. Il tremble. Il est cloué sur place. Des gouttes de sueur perlent sur son front.

Soudain, le roi voit un gros pirate à l'avant du bateau. C'est Chupruscru, le pirate des ananas.

— À l'attaque ! crie le pirate.

Vlan ! Vlan !
Tout l'équipage lance des ananas sur le roi. Le roi est épouvanté. Vite ! Il doit absolument bouger, sinon il va se faire écraser.

Enfin, le roi arrive à bouger. Il court dans tous les sens. Il ne sait plus où aller. De toutes ses forces, il appelle à l'aide. Aussitôt, ses serviteurs accourent.

Chapitre 5

Zoum ! Zoum ! Sploush ! Sploush ! Quel bombardement !

Les serviteurs du roi arment leurs puissantes catapultes et attaquent le bateau pirate avec des pample- mousses. *Zoum ! Zoum !*

Des projectiles volent dans tous les sens. Des ananas et des pample-mousses se fracassent. Quel bombardement ! *Sploush ! Sploush !*

Du jus chaud et collant coule sur les combattants.

Inquiet, le roi s'assoit parmi les munitions de pamplemousses. Il se met à réfléchir.

Chapitre 6
Paf! Paf!
La stratégie du roi

Lorsque Léon Moléon était encore un tout petit prince, sa maman lui répétait sans arrêt: «Mon Léon Moléon folichon, la guerre, c'est la solution des rois poltrons. Évite la rébellion. Choisis la communication.»

Cette fois, Léon Moléon décide d'écouter le conseil de sa maman.

Brusquement, quelque chose d'épouvantable se produit. Les serviteurs confondent le roi avec les munitions. Le roi est catapulté vers le bateau pirate.

Du haut du ciel, le roi regarde droit devant lui. Le bateau ennemi semble se rapprocher à la vitesse de l'éclair.

Pendant un instant, le roi est en état de choc. Il a peur. Il tremble. Des gouttes de sueur perlent sur son front.

Mais le roi entend de nouveau la voix de sa maman. Il reprend courage. Il doit absolument arrêter cette guerre.

Comme un oiseau de proie prêt à attaquer, le roi vise sa cible : Chupruscru, le pirate des ananas. *Paf! Paf!*

D'un coup, Chupruscru est étendu sur le dos, immobile.

Le bombardement cesse instanta-
nément. Le pirate Chupruscru remue
le petit doigt, puis la main et le bras.
Il secoue la tête et se relève difficile-
ment.

Le roi tient fermement le pirate par le collet.

— Pirate, j'exige une explication. Pourquoi cette attaque ? demande le roi de son air le plus menaçant.

Le pirate répond avec son étrange accent :

— Une explication ? Vous avez manqué à votre parole. Vous m'aviez promis la moitié de vos oranges contre mes plus beaux plants d'ananas.

Le roi est surpris :

— Des oranges ? Ici, monsieur Chupruscru, c'est l'île aux pamplemousses. L'île aux oranges, c'est plus loin, vers le sud.

Le pirate dirige les yeux vers le sud :

— Eh bien, c'est fou comme les deux îles se ressemblent.

Le roi Léon Moléon a réussi. Il a ar-
rêté la guerre. Fier de lui, il regagne
son balcon ensoleillé. Cette aventure
lui a donné affreusement faim.

Tout à coup, le roi entend un bruit étrange. Il prend sa lunette d'approche. Il repère le bateau pirate de Chupruscru au loin.

— Quel idiot ! s'écrie le roi. Chupruscru vient d'attaquer l'île aux citrons.

Table des matières

Associe chaque mot
à sa définition.

1 équipage

2 combattants

3 bombardement

4 rébellion

5 catapulte

6 projectile

A une attaque avec des projectiles

B un objet lancé vers une cible

C le personnel qui travaille
sur un bateau

D une révolte

E des personnes qui participent
à une guerre

F une ancienne machine de guerre

Voici huit bruits que tu as lus
dans l'histoire **Le roi des pamplemousses.**

Vlan ! Vlan !

Pouf !

Bong !

Zoum ! Zoum !

Sploush ! Sploush !

Fiou !

Schpok !

Paf ! Paf !

Choisis des bruits
et compose des phrases amusantes.

**Utilise les bruits de l'histoire
Le roi des pamplemousses.**

Des noms originaux

L'île aux pamplemousses !
Quel nom original pour une île !
Il y a sûrement des endroits
qui portent des noms originaux
près de chez toi.

Fais une recherche
de noms originaux.

EXEMPLES

des noms de rues, de commerces, d'écoles

• Écris les noms des endroits.

• Classe les noms par catégories.

EXEMPLES

Aliments : la cantine *Le roi de la poutine*,
le bistro *Rouge tomate*

Éléments de la nature : Rivière-aux-Outardes,
boulevard des Chutes

Présente le résultat
de ta recherche à tes amis.

Une dégustation de fruits

Dans cette histoire, chaque île
porte le nom d'un fruit.
Connais-tu bien les fruits ?

Organise une dégustation de fruits
pour tes amis.

- Va dans une fruiterie
  ou dans un supermarché.
  Choisis des fruits.

- Demande à tes amis de goûter
  les fruits et de les classer
  dans les catégories suivantes :
  acides, semi-acides, doux.

- Présente un compte rendu
  de tes découvertes.
  Écris le nom de chaque fruit
  dans sa catégorie.

**Vérifie les noms des fruits
dans des cahiers publicitaires.**

Message secret

Voici un message secret.
Chaque chiffre correspond à une lettre.

1 a	2 b	3 c	4 d	5 e	6 f	7 g
8 h	9 i	10 j	11 k	12 l	13 m	14 n
15 o	16 p	17 q	18 r	19 s	20 t	21 u
22 v	23 w	24 x	25 y	26 z		

Pour découvrir le message,
écris la lettre
qui correspond à chaque chiffre.

**Écris sur une feuille
ou dans un cahier.**

___ ___ ___ ___   -   ___ ___
22   5   21   24   20   21

___ ___ ___ ___ ___ ___
13   1   14   7   5   18

___ ___   ___ ___ ___ ___ ___ ___
21   14   1   14   1   14   1   19

___ ___ ___ ___   ___ ___ ___   ?
1   22   5   3   13   15   9

Chupruscru

48